EFFIN' BIRDS

2025
MONTHLY/WEEKLY
CALENDAR

AARON REYNOLDS

can you spare
a moment to
fuck off?

I cannot
think of a
worse fuckin'
time for your
bullshit

Andrews McMeel
PUBLISHING®

 For information write Andrews McMeel Publishing, a division of Andrews McMeel Universal, 1130 Walnut Street, Kansas City, Missouri 64106.

Phases of the moon and start dates for the seasons of the year are presented in Universal Time.

Every effort has been made to ensure the accuracy of listed holiday dates; however, some may have changed after publication for official or cultural reasons.

www.andrewsmcmeel.com

ISBN: 978-1-5248-8939-5

Follow our sustainability journey at
publishing.andrewsmcmeel.com/sustainability.

2025

JANUARY

S	M	T	W	T	F	S
			1	2	3	4
5	6	7	8	9	10	11
12	13	14	15	16	17	18
19	20	21	22	23	24	25
26	27	28	29	30	31	

FEBRUARY

S	M	T	W	T	F	S
						1
2	3	4	5	6	7	8
9	10	11	12	13	14	15
16	17	18	19	20	21	22
23	24	25	26	27	28	

MARCH

S	M	T	W	T	F	S
						1
2	3	4	5	6	7	8
9	10	11	12	13	14	15
16	17	18	19	20	21	22
23	24	25	26	27	28	29
30	31					

APRIL

S	M	T	W	T	F	S
		1	2	3	4	5
6	7	8	9	10	11	12
13	14	15	16	17	18	19
20	21	22	23	24	25	26
27	28	29	30			

MAY

S	M	T	W	T	F	S
				1	2	3
4	5	6	7	8	9	10
11	12	13	14	15	16	17
18	19	20	21	22	23	24
25	26	27	28	29	30	31

JUNE

S	M	T	W	T	F	S
1	2	3	4	5	6	7
8	9	10	11	12	13	14
15	16	17	18	19	20	21
22	23	24	25	26	27	28
29	30					

JULY

S	M	T	W	T	F	S
		1	2	3	4	5
6	7	8	9	10	11	12
13	14	15	16	17	18	19
20	21	22	23	24	25	26
27	28	29	30	31		

AUGUST

S	M	T	W	T	F	S
					1	2
3	4	5	6	7	8	9
10	11	12	13	14	15	16
17	18	19	20	21	22	23
24	25	26	27	28	29	30
31						

SEPTEMBER

S	M	T	W	T	F	S
	1	2	3	4	5	6
7	8	9	10	11	12	13
14	15	16	17	18	19	20
21	22	23	24	25	26	27
28	29	30				

OCTOBER

S	M	T	W	T	F	S
			1	2	3	4
5	6	7	8	9	10	11
12	13	14	15	16	17	18
19	20	21	22	23	24	25
26	27	28	29	30	31	

NOVEMBER

S	M	T	W	T	F	S
						1
2	3	4	5	6	7	8
9	10	11	12	13	14	15
16	17	18	19	20	21	22
23	24	25	26	27	28	29
30						

DECEMBER

S	M	T	W	T	F	S
	1	2	3	4	5	6
7	8	9	10	11	12	13
14	15	16	17	18	19	20
21	22	23	24	25	26	27
28	29	30	31			

JANUARY

DECEMBER 2024

S	M	T	W	T	F	S
1	2	3	4	5	6	7
8	9	10	11	12	13	14
15	16	17	18	19	20	21
22	23	24	25	26	27	28
29	30	31				

FEBRUARY 2025

S	M	T	W	T	F	S
						1
2	3	4	5	6	7	8
9	10	11	12	13	14	15
16	17	18	19	20	21	22
23	24	25	26	27	28	

SUNDAY	MONDAY	TUESDAY	WEDNESDAY
	(DECEMBER 2024)	(FEBRUARY 2025)	1 New Year's Day Kwanzaa ends (USA)
5	6 ◐ First Quarter	7	8
12	13 ○ Full Moon	14	15
19	20 Martin Luther King Jr. Day (USA)	21 ◑ Last Quarter	22
26 Australia Day	27 International Holocaust Remembrance Day Australia Day (observed)	28	29 ● New Moon Lunar New Year (Year of the Snake)

THURSDAY	FRIDAY	SATURDAY	NOTES
2 Hanukkah ends at sundown New Year's Day (observed) (NZ, UK—Scotland)	3	4	
9	10	11	
16	17	18	
23	24	25	
30	31		

don't make
me kick
your ass

FEBRUARY

SUNDAY	MONDAY	TUESDAY	WEDNESDAY
2	3 St. Brigid's Day (Ireland)	4	5 ◐ First Quarter
9	10	11	12 ○ Full Moon
16	17 Presidents' Day (USA)	18	19
23	24	25	26

JANUARY 2025

S	M	T	W	T	F	S
			1	2	3	4
5	6	7	8	9	10	11
12	13	14	15	16	17	18
19	20	21	22	23	24	25
26	27	28	29	30	31	

MARCH 2025

S	M	T	W	T	F	S
						1
2	3	4	5	6	7	8
9	10	11	12	13	14	15
16	17	18	19	20	21	22
23	24	25	26	27	28	29
30	31					

THURSDAY	FRIDAY	SATURDAY
(January 2025 calendar)	(March 2025 calendar)	1
6 Waitangi Day (NZ)	7	8
13	14 St. Valentine's Day	15
20 ◑ Last Quarter	21	22
27	28 ● New Moon Ramadan	

NOTES

that's some super depressing shit

MARCH

SUNDAY	MONDAY	TUESDAY	WEDNESDAY
2	3 Labour Day (Australia—WA)	4	5 Ash Wednesday
9 Daylight Saving Time begins (USA, Canada)	10 Eight Hours Day (Australia—TAS) Labour Day (Australia—VIC) Commonwealth Day (Australia, Canada, NZ, UK)	11	12
16	17 St. Patrick's Day	18	19
23	24	25	26
30 Eid al-Fitr Mothering Sunday (Ireland, UK)	31		

THURSDAY	FRIDAY	SATURDAY
(February 2025 mini calendar)	(April 2025 mini calendar)	1 St. David's Day (UK)
6 ◐ First Quarter	7	8 International Women's Day
13 Purim begins at sundown	14 ○ Full Moon	15
20 Vernal Equinox	21	22 ◑ Last Quarter
27	28	29 ● New Moon

FEBRUARY 2025

S	M	T	W	T	F	S
						1
2	3	4	5	6	7	8
9	10	11	12	13	14	15
16	17	18	19	20	21	22
23	24	25	26	27	28	

APRIL 2025

S	M	T	W	T	F	S
		1	2	3	4	5
6	7	8	9	10	11	12
13	14	15	16	17	18	19
20	21	22	23	24	25	26
27	28	29	30			

NOTES

YOU COULD JUST NOT DO THAT SHIT

APRIL

SUNDAY	MONDAY	TUESDAY	WEDNESDAY
		1	2
6	7	8	9
13 ○ Full Moon Palm Sunday	14	15	16
20 Easter (Western, Orthodox) Passover ends at sundown	21 ◑ Last Quarter Easter Monday (Australia, Canada, Ireland, NZ, UK—except Scotland)	22 Earth Day	23 Yom HaShoah begins at sundown St. George's Day (UK)
27 ● New Moon	28	29	30

THURSDAY	FRIDAY	SATURDAY
3	4	5 ◐ First Quarter
10	11	12 Passover begins at sundown
17	18 Good Friday (Western) Holy Friday (Orthodox)	19
24	25 Anzac Day (Australia, NZ)	26

NOTES

motherfucker
shut up

MARCH 2025

S	M	T	W	T	F	S
						1
2	3	4	5	6	7	8
9	10	11	12	13	14	15
16	17	18	19	20	21	22
23	24	25	26	27	28	29
30	31					

MAY 2025

S	M	T	W	T	F	S
				1	2	3
4	5	6	7	8	9	10
11	12	13	14	15	16	17
18	19	20	21	22	23	24
25	26	27	28	29	30	31

MAY

SUNDAY	MONDAY	TUESDAY	WEDNESDAY
		APRIL 2025	JUNE 2025
4 ◐ First Quarter	5 May Day (Australia—NT) Labour Day (Australia—QLD) Early May Bank Holiday (Ireland, UK)	6	7
11 Mother's Day (USA, Australia, Canada, NZ)	12 ○ Full Moon	13	14
18	19 Victoria Day (Canada) Author's Birthday (Canada)	20 ◑ Last Quarter	21
25	26 Memorial Day (USA) Bank Holiday (UK)	27 ● New Moon	28

APRIL 2025

S	M	T	W	T	F	S
		1	2	3	4	5
6	7	8	9	10	11	12
13	14	15	16	17	18	19
20	21	22	23	24	25	26
27	28	29	30			

JUNE 2025

S	M	T	W	T	F	S
1	2	3	4	5	6	7
8	9	10	11	12	13	14
15	16	17	18	19	20	21
22	23	24	25	26	27	28
29	30					

THURSDAY	FRIDAY	SATURDAY
1	2	3
8	9	10
15	16	17 Armed Forces Day (USA)
22	23	24
29	30	31

NOTES

you get paid for this horseshit?

JUNE

SUNDAY	MONDAY	TUESDAY	WEDNESDAY
1 Shavuot begins at sundown	2 King's Birthday (NZ) Bank Holiday (Ireland)	3 ◐ First Quarter Shavuot ends at sundown	4
8	9 King's Birthday (Australia—except QLD, WA)	10	11 ○ Full Moon
15 Father's Day (USA, Canada, Ireland, UK)	16	17	18 ◑ Last Quarter
22	23	24	25 ● New Moon
29	30		

MAY 2025

S	M	T	W	T	F	S
				1	2	3
4	5	6	7	8	9	10
11	12	13	14	15	16	17
18	19	20	21	22	23	24
25	26	27	28	29	30	31

JULY 2025

S	M	T	W	T	F	S
		1	2	3	4	5
6	7	8	9	10	11	12
13	14	15	16	17	18	19
20	21	22	23	24	25	26
27	28	29	30	31		

THURSDAY	FRIDAY	SATURDAY
5	6 Eid al-Adha	7
12	13	14 Flag Day (USA)
19 Juneteenth (USA)	20	21 Summer Solstice National Indigenous Peoples Day (Canada)
26	27	28

NOTES

LOG OFF & FUCK OFF

JULY

SUNDAY	MONDAY	TUESDAY	WEDNESDAY
JUNE 2025 S M T W T F S 1 2 3 4 5 6 7 8 9 10 11 12 13 14 15 16 17 18 19 20 21 22 23 24 25 26 27 28 29 30	AUGUST 2025 S M T W T F S 1 2 3 4 5 6 7 8 9 10 11 12 13 14 15 16 17 18 19 20 21 22 23 24 25 26 27 28 29 30 31	1 Canada Day	2 ◐ First Quarter
6	7	8	9
13	14	15	16
20	21	22	23
27	28	29	30

THURSDAY	FRIDAY	SATURDAY
3	4 Independence Day (USA)	5
10 ○ Full Moon	11	12
17	18 ◑ Last Quarter	19
24 ● New Moon	25	26
31		

NOTES

you inconsiderate jackass

AUGUST

SUNDAY	MONDAY	TUESDAY	WEDNESDAY
		JULY 2025 (see below)	SEPTEMBER 2025 (see below)
3	4 Civic Holiday (Canada) Bank Holiday (Australia—NSW, Ireland, UK—Scotland) Picnic Day (Australia—NT)	5	6
10	11	12	13
17	18	19	20
24	25 Bank Holiday (UK—except Scotland)	26	27
31 ◐ First Quarter			

JULY 2025

S	M	T	W	T	F	S
		1	2	3	4	5
6	7	8	9	10	11	12
13	14	15	16	17	18	19
20	21	22	23	24	25	26
27	28	29	30	31		

SEPTEMBER 2025

S	M	T	W	T	F	S
	1	2	3	4	5	6
7	8	9	10	11	12	13
14	15	16	17	18	19	20
21	22	23	24	25	26	27
28	29	30				

THURSDAY	FRIDAY	SATURDAY
	1 ◐ First Quarter	2
7	8	9 ○ Full Moon
14	15	16 ◑ Last Quarter
21	22	23 ● New Moon
28	29	30

NOTES

I can't ever unsee that horseshit

SEPTEMBER

SUNDAY	MONDAY	TUESDAY	WEDNESDAY
	1 Labor Day (USA, Canada)	2	3
7 ○ Full Moon Father's Day (Australia, NZ)	8	9	10
14 ◑ Last Quarter	15	16	17
21 ● New Moon U.N. International Day of Peace	22 Autumnal Equinox Rosh Hashanah begins at sundown	23	24 Rosh Hashanah ends at sundown
28	29 ◐ First Quarter King's Birthday (Australia—WA)	30 National Day for Truth and Reconciliation (Canada)	

THURSDAY	FRIDAY	SATURDAY
4	5	6
11	12	13
18	19	20
25	26	27

NOTES

NOBODY LIKES THAT SHIT!

AUGUST 2025

S	M	T	W	T	F	S
					1	2
3	4	5	6	7	8	9
10	11	12	13	14	15	16
17	18	19	20	21	22	23
24	25	26	27	28	29	30
31						

OCTOBER 2025

S	M	T	W	T	F	S
			1	2	3	4
5	6	7	8	9	10	11
12	13	14	15	16	17	18
19	20	21	22	23	24	25
26	27	28	29	30	31	

OCTOBER

SUNDAY	MONDAY	TUESDAY	WEDNESDAY
	SEPTEMBER 2025 S M T W T F S 1 2 3 4 5 6 7 8 9 10 11 12 13 14 15 16 17 18 19 20 21 22 23 24 25 26 27 28 29 30	NOVEMBER 2025 S M T W T F S 1 2 3 4 5 6 7 8 9 10 11 12 13 14 15 16 17 18 19 20 21 22 23 24 25 26 27 28 29 30	1 Yom Kippur begins at sundown
5	6 Sukkot begins at sundown Labour Day (Australia—ACT, NSW, SA) King's Birthday (Australia—QLD)	7 ○ Full Moon	8
12	13 ◑ Last Quarter Columbus Day (USA) Indigenous Peoples' Day (USA) Sukkot ends at sundown Thanksgiving (Canada)	14	15
19	20 Diwali	21 ● New Moon	22
26	27 Labour Day (NZ) Bank Holiday (Ireland)	28	29 ◐ First Quarter

THURSDAY	FRIDAY	SATURDAY
2	3	4
9	10	11
16	17	18
23	24 United Nations Day	25
30	31 Halloween	

NOTES

we're gonna
have a
fuckin
problem

NOVEMBER

SUNDAY	MONDAY	TUESDAY	WEDNESDAY
2 Daylight Saving Time ends (USA, Canada)	3	4 Election Day (USA)	5 ○ Full Moon
9 Remembrance Sunday (Ireland, UK)	10	11 Veterans Day (USA) Remembrance Day (Australia, Canada, Ireland, UK)	12 ◑ Last Quarter
16	17	18	19
23	24	25	26
30 St. Andrew's Day (UK—Scotland)			

OCTOBER 2025

S	M	T	W	T	F	S
			1	2	3	4
5	6	7	8	9	10	11
12	13	14	15	16	17	18
19	20	21	22	23	24	25
26	27	28	29	30	31	

DECEMBER 2025

S	M	T	W	T	F	S
	1	2	3	4	5	6
7	8	9	10	11	12	13
14	15	16	17	18	19	20
21	22	23	24	25	26	27
28	29	30	31			

THURSDAY	FRIDAY	SATURDAY
		1
6	7	8
13	14	15
20 ● New Moon	21	22
27 Thanksgiving (USA)	28 ◐ First Quarter	29

NOTES

I heard that shit

DECEMBER

SUNDAY	MONDAY	TUESDAY	WEDNESDAY
	1 St. Andrew's Day (observed) (UK)	2	3
7	8	9	10 Human Rights Day
14 Hanukkah begins at sundown	15	16	17
21 Winter Solstice	22 Hanukkah ends at sundown	23	24 Christmas Eve
28	29	30	31

THURSDAY	FRIDAY	SATURDAY
4 ○ Full Moon	5	6
11 ◑ Last Quarter	12	13
18	19	20 ● New Moon
25 Christmas Day	26 Kwanzaa begins (USA) Boxing Day (Australia, Canada, NZ, UK) St. Stephen's Day (Ireland) Proclamation Day (Australia—SA)	27 ◐ First Quarter

NOTES

THIS SHIT IS FUCKIN WILD

NOVEMBER 2025

S	M	T	W	T	F	S
						1
2	3	4	5	6	7	8
9	10	11	12	13	14	15
16	17	18	19	20	21	22
23	24	25	26	27	28	29
30						

JANUARY 2026

S	M	T	W	T	F	S
				1	2	3
4	5	6	7	8	9	10
11	12	13	14	15	16	17
18	19	20	21	22	23	24
25	26	27	28	29	30	31

new year,
new bullshit

did no
one have
a better
idea for
this shit?

DEC '24–JAN '25

● New Moon

30
MONDAY

31
TUESDAY

New Year's Day
Kwanzaa ends (USA)

1
WEDNESDAY

Hanukkah ends at sundown
New Year's Day (observed) (NZ, UK—Scotland)

2
THURSDAY

3
FRIDAY

DECEMBER 2024

S	M	T	W	T	F	S
1	2	3	4	5	6	7
8	9	10	11	12	13	14
15	16	17	18	19	20	21
22	23	24	25	26	27	28
29	30	31				

4
SATURDAY

JANUARY 2025

S	M	T	W	T	F	S
			1	2	3	4
5	6	7	8	9	10	11
12	13	14	15	16	17	18
19	20	21	22	23	24	25
26	27	28	29	30	31	

5
SUNDAY

cool your
dicks

I'm not falling
for that shit a
second time

JANUARY

◐ First Quarter

6
MONDAY

7
TUESDAY

8
WEDNESDAY

9
THURSDAY

10
FRIDAY

JANUARY 2025

S	M	T	W	T	F	S
			1	2	3	4
5	6	7	8	9	10	11
12	13	14	15	16	17	18
19	20	21	22	23	24	25
26	27	28	29	30	31	

11
SATURDAY

FEBRUARY 2025

S	M	T	W	T	F	S
						1
2	3	4	5	6	7	8
9	10	11	12	13	14	15
16	17	18	19	20	21	22
23	24	25	26	27	28	

12
SUNDAY

I don't think I've ever met a more gullible motherfucker

JANUARY

○ Full Moon

13
MONDAY

14
TUESDAY

15
WEDNESDAY

16
THURSDAY

17
FRIDAY

JANUARY 2025

S	M	T	W	T	F	S
			1	2	3	4
5	6	7	8	9	10	11
12	13	14	15	16	17	18
19	20	21	22	23	24	25
26	27	28	29	30	31	

18
SATURDAY

FEBRUARY 2025

S	M	T	W	T	F	S
						1
2	3	4	5	6	7	8
9	10	11	12	13	14	15
16	17	18	19	20	21	22
23	24	25	26	27	28	

19
SUNDAY

I'm
through
with this
fuckin'
trash fire

I cannot
imagine
a dumber
argument to
have right now

JANUARY

Martin Luther King Jr. Day (USA)

20
MONDAY

◑ Last Quarter

21
TUESDAY

22
WEDNESDAY

23
THURSDAY

24
FRIDAY

JANUARY 2025

S	M	T	W	T	F	S
			1	2	3	4
5	6	7	8	9	10	11
12	13	14	15	16	17	18
19	20	21	22	23	24	25
26	27	28	29	30	31	

25
SATURDAY

FEBRUARY 2025

S	M	T	W	T	F	S
						1
2	3	4	5	6	7	8
9	10	11	12	13	14	15
16	17	18	19	20	21	22
23	24	25	26	27	28	

Australia Day

26
SUNDAY

STOP SPOUTING HORSESHIT

PLEASE CONSIDER FUCKING OFF

JAN–FEB

International Holocaust Remembrance Day
Australia Day (observed)

27 MONDAY

28 TUESDAY

● New Moon
Lunar New Year (Year of the Snake)

29 WEDNESDAY

30 THURSDAY

31 FRIDAY

JANUARY 2025

S	M	T	W	T	F	S
			1	2	3	4
5	6	7	8	9	10	11
12	13	14	15	16	17	18
19	20	21	22	23	24	25
26	27	28	29	30	31	

1 SATURDAY

FEBRUARY 2025

S	M	T	W	T	F	S
						1
2	3	4	5	6	7	8
9	10	11	12	13	14	15
16	17	18	19	20	21	22
23	24	25	26	27	28	

2 SUNDAY

unfortunately
I am too busy
to listen to your
bullshit today

FEBRUARY

St. Brigid's Day (Ireland)

3
MONDAY

4
TUESDAY

◐ First Quarter

5
WEDNESDAY

Waitangi Day (NZ)

6
THURSDAY

7
FRIDAY

FEBRUARY 2025

S	M	T	W	T	F	S
						1
2	3	4	5	6	7	8
9	10	11	12	13	14	15
16	17	18	19	20	21	22
23	24	25	26	27	28	

8
SATURDAY

MARCH 2025

S	M	T	W	T	F	S
						1
2	3	4	5	6	7	8
9	10	11	12	13	14	15
16	17	18	19	20	21	22
23	24	25	26	27	28	29
30	31					

9
SUNDAY

too
mother
fucking
cold

gimme more
of that shit

FEBRUARY

10
MONDAY

11
TUESDAY

○ Full Moon

12
WEDNESDAY

13
THURSDAY

St. Valentine's Day

14
FRIDAY

FEBRUARY 2025

S	M	T	W	T	F	S
						1
2	3	4	5	6	7	8
9	10	11	12	13	14	15
16	17	18	19	20	21	22
23	24	25	26	27	28	

15
SATURDAY

MARCH 2025

S	M	T	W	T	F	S
						1
2	3	4	5	6	7	8
9	10	11	12	13	14	15
16	17	18	19	20	21	22
23	24	25	26	27	28	29
30	31					

16
SUNDAY

where's the fuckin' wine?

you remind me of the fairy tale about the dumbshit who wouldn't fuck off

FEBRUARY

17
MONDAY
Presidents' Day (USA)

18
TUESDAY

19
WEDNESDAY

20
THURSDAY
◑ Last Quarter

21
FRIDAY

FEBRUARY 2025

S	M	T	W	T	F	S
						1
2	3	4	5	6	7	8
9	10	11	12	13	14	15
16	17	18	19	20	21	22
23	24	25	26	27	28	

22
SATURDAY

MARCH 2025

S	M	T	W	T	F	S
						1
2	3	4	5	6	7	8
9	10	11	12	13	14	15
16	17	18	19	20	21	22
23	24	25	26	27	28	29
30	31					

23
SUNDAY

dude,
what the
ever loving
fuck

FEB–MAR

24
MONDAY

25
TUESDAY

26
WEDNESDAY

27
THURSDAY

● New Moon
Ramadan

28
FRIDAY

FEBRUARY 2025

S	M	T	W	T	F	S
						1
2	3	4	5	6	7	8
9	10	11	12	13	14	15
16	17	18	19	20	21	22
23	24	25	26	27	28	

St. David's Day (UK)

1
SATURDAY

MARCH 2025

S	M	T	W	T	F	S
						1
2	3	4	5	6	7	8
9	10	11	12	13	14	15
16	17	18	19	20	21	22
23	24	25	26	27	28	29
30	31					

2
SUNDAY

it's not a
bad idea just
because you didn't
think of it

I'm keen to
discover the
limits of
your bullshit

MARCH

Labour Day (Australia—WA)

3 MONDAY

4 TUESDAY

Ash Wednesday

5 WEDNESDAY

◐ First Quarter

6 THURSDAY

7 FRIDAY

MARCH 2025

S	M	T	W	T	F	S
						1
2	3	4	5	6	7	8
9	10	11	12	13	14	15
16	17	18	19	20	21	22
23	24	25	26	27	28	29
30	31					

International Women's Day

8 SATURDAY

APRIL 2025

S	M	T	W	T	F	S
		1	2	3	4	5
6	7	8	9	10	11	12
13	14	15	16	17	18	19
20	21	22	23	24	25	26
27	28	29	30			

Daylight Saving Time begins (USA, Canada)

9 SUNDAY

GET THAT SHIT
UNDER CONTROL

OH WOW
THAT'S SOME
DUMBASS
BULLSHIT

MARCH

Eight Hours Day (Australia—TAS)
Labour Day (Australia—VIC)
Commonwealth Day (Australia, Canada, NZ, UK)

10
MONDAY

11
TUESDAY

12
WEDNESDAY

Purim begins at sundown

13
THURSDAY

○ Full Moon

14
FRIDAY

MARCH 2025

S	M	T	W	T	F	S
						1
2	3	4	5	6	7	8
9	10	11	12	13	14	15
16	17	18	19	20	21	22
23	24	25	26	27	28	29
30	31					

15
SATURDAY

APRIL 2025

S	M	T	W	T	F	S
		1	2	3	4	5
6	7	8	9	10	11	12
13	14	15	16	17	18	19
20	21	22	23	24	25	26
27	28	29	30			

16
SUNDAY

why don't you take a nice trip to fuckoffburg

MARCH

17
MONDAY
St. Patrick's Day

18
TUESDAY

19
WEDNESDAY

20
THURSDAY
Vernal Equinox

21
FRIDAY

22
SATURDAY
◑ Last Quarter

MARCH 2025

S	M	T	W	T	F	S
						1
2	3	4	5	6	7	8
9	10	11	12	13	14	15
16	17	18	19	20	21	22
23	24	25	26	27	28	29
30	31					

23
SUNDAY

APRIL 2025

S	M	T	W	T	F	S
		1	2	3	4	5
6	7	8	9	10	11	12
13	14	15	16	17	18	19
20	21	22	23	24	25	26
27	28	29	30			

would
you like
to speak
to the bird
cartoon's
manager?

this is the
opposite of
genius

MARCH

24
MONDAY

25
TUESDAY

26
WEDNESDAY

27
THURSDAY

28
FRIDAY

MARCH 2025

S	M	T	W	T	F	S
						1
2	3	4	5	6	7	8
9	10	11	12	13	14	15
16	17	18	19	20	21	22
23	24	25	26	27	28	29
30	31					

● New Moon

29
SATURDAY

APRIL 2025

S	M	T	W	T	F	S
		1	2	3	4	5
6	7	8	9	10	11	12
13	14	15	16	17	18	19
20	21	22	23	24	25	26
27	28	29	30			

Eid al-Fitr
Mothering Sunday (Ireland, UK)

30
SUNDAY

how in the
fucking shit

too bad you're such a
giant fucking baby

MAR-APR

31
MONDAY

1
TUESDAY

2
WEDNESDAY

3
THURSDAY

4
FRIDAY

MARCH 2025

S	M	T	W	T	F	S
						1
2	3	4	5	6	7	8
9	10	11	12	13	14	15
16	17	18	19	20	21	22
23	24	25	26	27	28	29
30	31					

◐ First Quarter

5
SATURDAY

APRIL 2025

S	M	T	W	T	F	S
		1	2	3	4	5
6	7	8	9	10	11	12
13	14	15	16	17	18	19
20	21	22	23	24	25	26
27	28	29	30			

6
SUNDAY

this shit is why
we're doomed

APRIL

7
MONDAY

8
TUESDAY

9
WEDNESDAY

10
THURSDAY

11
FRIDAY

APRIL 2025

S	M	T	W	T	F	S
		1	2	3	4	5
6	7	8	9	10	11	12
13	14	15	16	17	18	19
20	21	22	23	24	25	26
27	28	29	30			

Passover begins at sundown

12
SATURDAY

MAY 2025

S	M	T	W	T	F	S
				1	2	3
4	5	6	7	8	9	10
11	12	13	14	15	16	17
18	19	20	21	22	23	24
25	26	27	28	29	30	31

○ Full Moon
Palm Sunday

13
SUNDAY

trust me,
you don't
want to
hear about
this shit

your friends
are into some
awful shit

APRIL

14
MONDAY

15
TUESDAY

16
WEDNESDAY

17
THURSDAY

Good Friday (Western)
Holy Friday (Orthodox)

18
FRIDAY

APRIL 2025

S	M	T	W	T	F	S
		1	2	3	4	5
6	7	8	9	10	11	12
13	14	15	16	17	18	19
20	21	22	23	24	25	26
27	28	29	30			

19
SATURDAY

MAY 2025

S	M	T	W	T	F	S
				1	2	3
4	5	6	7	8	9	10
11	12	13	14	15	16	17
18	19	20	21	22	23	24
25	26	27	28	29	30	31

Easter (Western, Orthodox)
Passover ends at sundown

20
SUNDAY

I'LL TAKE THAT AS MY CUE TO GET THE FUCK OUT OF HERE

NORMAL PEOPLE DON'T SAY SHIT LIKE THAT

APRIL

21 MONDAY

◑ Last Quarter
Easter Monday (Australia, Canada, Ireland, NZ, UK—except Scotland)

22 TUESDAY

Earth Day

23 WEDNESDAY

Yom HaShoah begins at sundown
St. George's Day (UK)

24 THURSDAY

25 FRIDAY

Anzac Day (Australia, NZ)

26 SATURDAY

APRIL 2025

S	M	T	W	T	F	S
		1	2	3	4	5
6	7	8	9	10	11	12
13	14	15	16	17	18	19
20	21	22	23	24	25	26
27	28	29	30			

27 SUNDAY

MAY 2025

S	M	T	W	T	F	S
				1	2	3
4	5	6	7	8	9	10
11	12	13	14	15	16	17
18	19	20	21	22	23	24
25	26	27	28	29	30	31

● New Moon

that's some
snooty ass
bullshit

APR–MAY

28
MONDAY

29
TUESDAY

30
WEDNESDAY

1
THURSDAY

2
FRIDAY

APRIL 2025

S	M	T	W	T	F	S
		1	2	3	4	5
6	7	8	9	10	11	12
13	14	15	16	17	18	19
20	21	22	23	24	25	26
27	28	29	30			

3
SATURDAY

MAY 2025

S	M	T	W	T	F	S
				1	2	3
4	5	6	7	8	9	10
11	12	13	14	15	16	17
18	19	20	21	22	23	24
25	26	27	28	29	30	31

◐ First Quarter

4
SUNDAY

reply guys
can eat my
fuckin nuts

delete
your
whole
fucking
account

MAY

May Day (Australia—NT)
Labour Day (Australia—QLD)
Early May Bank Holiday (Ireland, UK)

5 MONDAY

6 TUESDAY

7 WEDNESDAY

8 THURSDAY

9 FRIDAY

MAY 2025

S	M	T	W	T	F	S
				1	2	3
4	5	6	7	8	9	10
11	12	13	14	15	16	17
18	19	20	21	22	23	24
25	26	27	28	29	30	31

10 SATURDAY

JUNE 2025

S	M	T	W	T	F	S
1	2	3	4	5	6	7
8	9	10	11	12	13	14
15	16	17	18	19	20	21
22	23	24	25	26	27	28
29	30					

Mother's Day (USA, Australia, Canada, NZ)

11 SUNDAY

I already
forgot who the
fuck you are
supposed to be

that's
some real
unacceptable
shit

MAY

12
MONDAY
○ Full Moon

13
TUESDAY

14
WEDNESDAY

15
THURSDAY

16
FRIDAY

MAY 2025

S	M	T	W	T	F	S
				1	2	3
4	5	6	7	8	9	10
11	12	13	14	15	16	17
18	19	20	21	22	23	24
25	26	27	28	29	30	31

17
SATURDAY
Armed Forces Day (USA)

JUNE 2025

S	M	T	W	T	F	S
1	2	3	4	5	6	7
8	9	10	11	12	13	14
15	16	17	18	19	20	21
22	23	24	25	26	27	28
29	30					

18
SUNDAY

that's some
wild shit

MAY

Victoria Day (Canada)
Author's Birthday (Canada)

19
MONDAY

◑ Last Quarter

20
TUESDAY

21
WEDNESDAY

22
THURSDAY

23
FRIDAY

MAY 2025

S	M	T	W	T	F	S
				1	2	3
4	5	6	7	8	9	10
11	12	13	14	15	16	17
18	19	20	21	22	23	24
25	26	27	28	29	30	31

24
SATURDAY

JUNE 2025

S	M	T	W	T	F	S
1	2	3	4	5	6	7
8	9	10	11	12	13	14
15	16	17	18	19	20	21
22	23	24	25	26	27	28
29	30					

25
SUNDAY

my first
mistake
was reading
your bullshit

it will be
interesting
to watch this
bullshit
play out

MAY–JUN

Memorial Day (USA)
Bank Holiday (UK)

26
MONDAY

● New Moon

27
TUESDAY

28
WEDNESDAY

29
THURSDAY

30
FRIDAY

MAY 2025

S	M	T	W	T	F	S
				1	2	3
4	5	6	7	8	9	10
11	12	13	14	15	16	17
18	19	20	21	22	23	24
25	26	27	28	29	30	31

31
SATURDAY

JUNE 2025

S	M	T	W	T	F	S
1	2	3	4	5	6	7
8	9	10	11	12	13	14
15	16	17	18	19	20	21
22	23	24	25	26	27	28
29	30					

Shavuot begins at sundown

1
SUNDAY

I SEE THAT YOU FUCKED OFF UNSUCCESSFULLY

HAS NO ONE SUGGESTED THAT YOU EAT SHIT?

JUNE

King's Birthday (NZ)
Bank Holiday (Ireland)

2
MONDAY

◐ First Quarter
Shavuot ends at sundown

3
TUESDAY

4
WEDNESDAY

5
THURSDAY

Eid al-Adha

6
FRIDAY

JUNE 2025

S	M	T	W	T	F	S
1	2	3	4	5	6	7
8	9	10	11	12	13	14
15	16	17	18	19	20	21
22	23	24	25	26	27	28
29	30					

7
SATURDAY

JULY 2025

S	M	T	W	T	F	S
		1	2	3	4	5
6	7	8	9	10	11	12
13	14	15	16	17	18	19
20	21	22	23	24	25	26
27	28	29	30	31		

8
SUNDAY

mother fucker
shut the fuck up

JUNE

9
MONDAY
King's Birthday (Australia—except QLD, WA)

10
TUESDAY

11
WEDNESDAY
○ Full Moon

12
THURSDAY

13
FRIDAY

JUNE 2025

S	M	T	W	T	F	S
1	2	3	4	5	6	7
8	9	10	11	12	13	14
15	16	17	18	19	20	21
22	23	24	25	26	27	28
29	30					

14
SATURDAY
Flag Day (USA)

JULY 2025

S	M	T	W	T	F	S
		1	2	3	4	5
6	7	8	9	10	11	12
13	14	15	16	17	18	19
20	21	22	23	24	25	26
27	28	29	30	31		

15
SUNDAY
Father's Day (USA, Canada, Ireland, UK)

please consider
getting the fuck
over yourself

truly,
you are an
ungrateful
piece of shit

JUNE

16
MONDAY

17
TUESDAY

◑ Last Quarter

18
WEDNESDAY

Juneteenth (USA)

19
THURSDAY

20
FRIDAY

JUNE 2025

S	M	T	W	T	F	S
1	2	3	4	5	6	7
8	9	10	11	12	13	14
15	16	17	18	19	20	21
22	23	24	25	26	27	28
29	30					

Summer Solstice
National Indigenous Peoples Day (Canada)

21
SATURDAY

JULY 2025

S	M	T	W	T	F	S
		1	2	3	4	5
6	7	8	9	10	11	12
13	14	15	16	17	18	19
20	21	22	23	24	25	26
27	28	29	30	31		

22
SUNDAY

that was
pretty great
if you like
stupid shit

I don't know
if I should
be angry
or really
fucking
confused

JUNE

23
MONDAY

24
TUESDAY

25
● New Moon
WEDNESDAY

26
THURSDAY

27
FRIDAY

JUNE 2025

S	M	T	W	T	F	S
1	2	3	4	5	6	7
8	9	10	11	12	13	14
15	16	17	18	19	20	21
22	23	24	25	26	27	28
29	30					

28
SATURDAY

JULY 2025

S	M	T	W	T	F	S
		1	2	3	4	5
6	7	8	9	10	11	12
13	14	15	16	17	18	19
20	21	22	23	24	25	26
27	28	29	30	31		

29
SUNDAY

so glad I could
witness this
monumental
fuckup

JUN-JUL

30
MONDAY

Canada Day
1
TUESDAY

◐ First Quarter
2
WEDNESDAY

3
THURSDAY

Independence Day (USA)
4
FRIDAY

JUNE 2025

S	M	T	W	T	F	S
1	2	3	4	5	6	7
8	9	10	11	12	13	14
15	16	17	18	19	20	21
22	23	24	25	26	27	28
29	30					

5
SATURDAY

JULY 2025

S	M	T	W	T	F	S
		1	2	3	4	5
6	7	8	9	10	11	12
13	14	15	16	17	18	19
20	21	22	23	24	25	26
27	28	29	30	31		

6
SUNDAY

how hard can it
be to stop being
an asshole?

what a
miracle that
this dipshit is
here to explain
it all to us

JULY

7
MONDAY

8
TUESDAY

9
WEDNESDAY

○ Full Moon

10
THURSDAY

11
FRIDAY

JULY 2025

S	M	T	W	T	F	S
		1	2	3	4	5
6	7	8	9	10	11	12
13	14	15	16	17	18	19
20	21	22	23	24	25	26
27	28	29	30	31		

12
SATURDAY

AUGUST 2025

S	M	T	W	T	F	S
					1	2
3	4	5	6	7	8	9
10	11	12	13	14	15	16
17	18	19	20	21	22	23
24	25	26	27	28	29	30
31						

13
SUNDAY

PUT THAT SUGGESTION BACK IN YOUR BUTT

THAT'S WHAT I GET FOR ENGAGING WITH A DIPSHIT

JULY

14
MONDAY

15
TUESDAY

16
WEDNESDAY

17
THURSDAY

◑ Last Quarter

18
FRIDAY

JULY 2025

S	M	T	W	T	F	S
		1	2	3	4	5
6	7	8	9	10	11	12
13	14	15	16	17	18	19
20	21	22	23	24	25	26
27	28	29	30	31		

19
SATURDAY

AUGUST 2025

S	M	T	W	T	F	S
					1	2
3	4	5	6	7	8	9
10	11	12	13	14	15	16
17	18	19	20	21	22	23
24	25	26	27	28	29	30
31						

20
SUNDAY

can we go back
to the start of
this conversation
and not have it?

JULY

21
MONDAY

22
TUESDAY

23
WEDNESDAY

24
● New Moon
THURSDAY

25
FRIDAY

JULY 2025

S	M	T	W	T	F	S
		1	2	3	4	5
6	7	8	9	10	11	12
13	14	15	16	17	18	19
20	21	22	23	24	25	26
27	28	29	30	31		

26
SATURDAY

AUGUST 2025

S	M	T	W	T	F	S
					1	2
3	4	5	6	7	8	9
10	11	12	13	14	15	16
17	18	19	20	21	22	23
24	25	26	27	28	29	30
31						

27
SUNDAY

I wish
I could forget
that we ever
fuckin met

can you spare a moment to fuck off?

JUL–AUG

28
MONDAY

29
TUESDAY

30
WEDNESDAY

31
THURSDAY

◐ First Quarter

1
FRIDAY

JULY 2025

S	M	T	W	T	F	S
		1	2	3	4	5
6	7	8	9	10	11	12
13	14	15	16	17	18	19
20	21	22	23	24	25	26
27	28	29	30	31		

2
SATURDAY

AUGUST 2025

S	M	T	W	T	F	S
					1	2
3	4	5	6	7	8	9
10	11	12	13	14	15	16
17	18	19	20	21	22	23
24	25	26	27	28	29	30
31						

3
SUNDAY

my horseshit
tolerance is down
to single digits

booze
o'clock
mother
fuckers

AUGUST

Civic Holiday (Canada)
Bank Holiday (Australia—NSW, Ireland, UK—Scotland)
Picnic Day (Australia—NT)

4 MONDAY

5 TUESDAY

6 WEDNESDAY

7 THURSDAY

8 FRIDAY

AUGUST 2025

S	M	T	W	T	F	S
					1	2
3	4	5	6	7	8	9
10	11	12	13	14	15	16
17	18	19	20	21	22	23
24	25	26	27	28	29	30
31						

○ Full Moon

9 SATURDAY

SEPTEMBER 2025

S	M	T	W	T	F	S
	1	2	3	4	5	6
7	8	9	10	11	12	13
14	15	16	17	18	19	20
21	22	23	24	25	26	27
28	29	30				

10 SUNDAY

it's a
metaphor
you big
dumb idiot

AUGUST

11
MONDAY

12
TUESDAY

13
WEDNESDAY

14
THURSDAY

15
FRIDAY

AUGUST 2025

S	M	T	W	T	F	S
					1	2
3	4	5	6	7	8	9
10	11	12	13	14	15	16
17	18	19	20	21	22	23
24	25	26	27	28	29	30
31						

◑ Last Quarter

16
SATURDAY

SEPTEMBER 2025

S	M	T	W	T	F	S
	1	2	3	4	5	6
7	8	9	10	11	12	13
14	15	16	17	18	19	20
21	22	23	24	25	26	27
28	29	30				

17
SUNDAY

some
motherfuckers
never learn

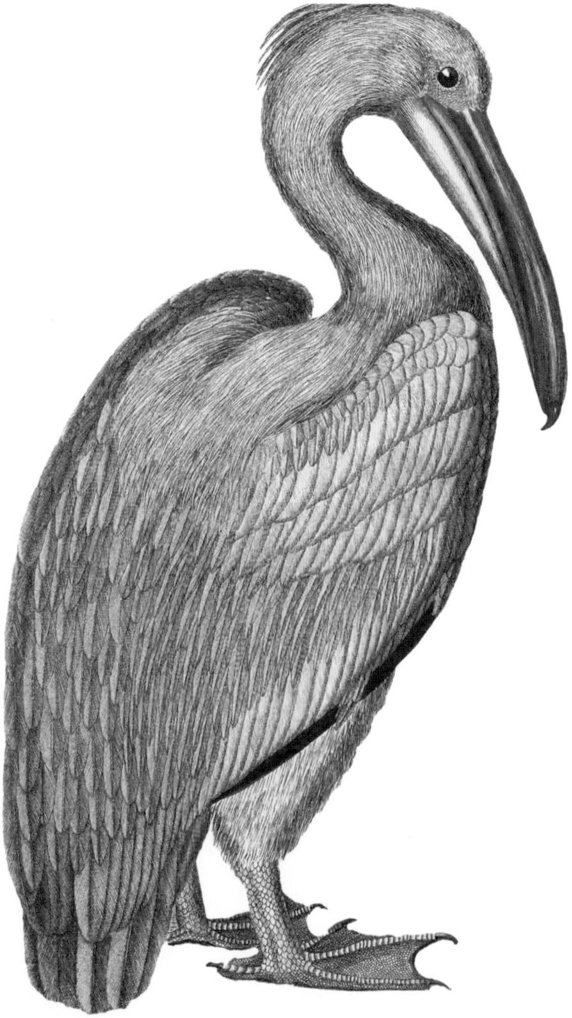

I find it
difficult to
empathize with
such a massive
dumbshit

AUGUST

18
MONDAY

19
TUESDAY

20
WEDNESDAY

21
THURSDAY

22
FRIDAY

AUGUST 2025

S	M	T	W	T	F	S
					1	2
3	4	5	6	7	8	9
10	11	12	13	14	15	16
17	18	19	20	21	22	23
24	25	26	27	28	29	30
31						

● New Moon

23
SATURDAY

SEPTEMBER 2025

S	M	T	W	T	F	S
	1	2	3	4	5	6
7	8	9	10	11	12	13
14	15	16	17	18	19	20
21	22	23	24	25	26	27
28	29	30				

24
SUNDAY

GET THE FUCK OUT OF HERE

I CAN'T SAY I'M SURPRISED AT WHAT A SHITHEAD YOU TURNED OUT TO BE

AUGUST

Bank Holiday (UK—except Scotland)

25
MONDAY

26
TUESDAY

27
WEDNESDAY

28
THURSDAY

29
FRIDAY

AUGUST 2025

S	M	T	W	T	F	S
					1	2
3	4	5	6	7	8	9
10	11	12	13	14	15	16
17	18	19	20	21	22	23
24	25	26	27	28	29	30
31						

30
SATURDAY

SEPTEMBER 2025

S	M	T	W	T	F	S
	1	2	3	4	5	6
7	8	9	10	11	12	13
14	15	16	17	18	19	20
21	22	23	24	25	26	27
28	29	30				

◐ First Quarter

31
SUNDAY

hey, look at
me not giving
a fuck

SEPTEMBER

1
MONDAY
Labor Day (USA, Canada)

2
TUESDAY

3
WEDNESDAY

4
THURSDAY

5
FRIDAY

SEPTEMBER 2025

S	M	T	W	T	F	S
	1	2	3	4	5	6
7	8	9	10	11	12	13
14	15	16	17	18	19	20
21	22	23	24	25	26	27
28	29	30				

6
SATURDAY

OCTOBER 2025

S	M	T	W	T	F	S
			1	2	3	4
5	6	7	8	9	10	11
12	13	14	15	16	17	18
19	20	21	22	23	24	25
26	27	28	29	30	31	

7
SUNDAY
○ Full Moon
Father's Day (Australia, NZ)

check out
dinglebert
humperdink
over here

are you
sure there's
not a dumber
way to do
this?

SEPTEMBER

8
MONDAY

9
TUESDAY

10
WEDNESDAY

11
THURSDAY

12
FRIDAY

SEPTEMBER 2025

S	M	T	W	T	F	S
	1	2	3	4	5	6
7	8	9	10	11	12	13
14	15	16	17	18	19	20
21	22	23	24	25	26	27
28	29	30				

13
SATURDAY

OCTOBER 2025

S	M	T	W	T	F	S
			1	2	3	4
5	6	7	8	9	10	11
12	13	14	15	16	17	18
19	20	21	22	23	24	25
26	27	28	29	30	31	

◑ Last Quarter

14
SUNDAY

clearly
I came in at
the wrong
fuckin time

shitass
opinion alert

SEPTEMBER

15
MONDAY

16
TUESDAY

17
WEDNESDAY

18
THURSDAY

19
FRIDAY

SEPTEMBER 2025

S	M	T	W	T	F	S
	1	2	3	4	5	6
7	8	9	10	11	12	13
14	15	16	17	18	19	20
21	22	23	24	25	26	27
28	29	30				

20
SATURDAY

OCTOBER 2025

S	M	T	W	T	F	S
			1	2	3	4
5	6	7	8	9	10	11
12	13	14	15	16	17	18
19	20	21	22	23	24	25
26	27	28	29	30	31	

● New Moon
U.N. International Day of Peace

21
SUNDAY

I spend far
too much time
thinking about
how much I hate
this shit

SEPTEMBER

22
MONDAY
Autumnal Equinox
Rosh Hashanah begins at sundown

23
TUESDAY

24
WEDNESDAY
Rosh Hashanah ends at sundown

25
THURSDAY

26
FRIDAY

27
SATURDAY

SEPTEMBER 2025

S	M	T	W	T	F	S
	1	2	3	4	5	6
7	8	9	10	11	12	13
14	15	16	17	18	19	20
21	22	23	24	25	26	27
28	29	30				

28
SUNDAY

OCTOBER 2025

S	M	T	W	T	F	S
			1	2	3	4
5	6	7	8	9	10	11
12	13	14	15	16	17	18
19	20	21	22	23	24	25
26	27	28	29	30	31	

bitch who
the fuck do
you think
you are?

I would love
to hear why
you think
you shouldn't
fuck off

SEP–OCT

◐ First Quarter
King's Birthday (Australia—WA)

29
MONDAY

National Day for Truth and Reconciliation (Canada)

30
TUESDAY

Yom Kippur begins at sundown

1
WEDNESDAY

2
THURSDAY

3
FRIDAY

SEPTEMBER 2025

S	M	T	W	T	F	S
	1	2	3	4	5	6
7	8	9	10	11	12	13
14	15	16	17	18	19	20
21	22	23	24	25	26	27
28	29	30				

4
SATURDAY

OCTOBER 2025

S	M	T	W	T	F	S
			1	2	3	4
5	6	7	8	9	10	11
12	13	14	15	16	17	18
19	20	21	22	23	24	25
26	27	28	29	30	31	

5
SUNDAY

OH NO, ARE WE DEALING WITH THE CONSEQUENCES OF OUR OWN SHITTY BEHAVIOUR?

I THOUGHT I HAD SEEN THE MOST FUCKED UP SHIT POSSIBLE, BUT THEN THIS SHIT HAPPENED

OCTOBER

Sukkot begins at sundown
Labour Day (Australia—ACT, NSW, SA)
King's Birthday (Australia—QLD)

6
MONDAY

○ Full Moon

7
TUESDAY

8
WEDNESDAY

9
THURSDAY

10
FRIDAY

OCTOBER 2025

S	M	T	W	T	F	S
			1	2	3	4
5	6	7	8	9	10	11
12	13	14	15	16	17	18
19	20	21	22	23	24	25
26	27	28	29	30	31	

11
SATURDAY

NOVEMBER 2025

S	M	T	W	T	F	S
						1
2	3	4	5	6	7	8
9	10	11	12	13	14	15
16	17	18	19	20	21	22
23	24	25	26	27	28	29
30						

12
SUNDAY

fuck it,
I give up

OCTOBER

◑ Last Quarter
Columbus Day (USA)
Indigenous Peoples' Day (USA)
Sukkot ends at sundown
Thanksgiving (Canada)

13 MONDAY

14 TUESDAY

15 WEDNESDAY

16 THURSDAY

17 FRIDAY

OCTOBER 2025

S	M	T	W	T	F	S
			1	2	3	4
5	6	7	8	9	10	11
12	13	14	15	16	17	18
19	20	21	22	23	24	25
26	27	28	29	30	31	

18 SATURDAY

NOVEMBER 2025

S	M	T	W	T	F	S
						1
2	3	4	5	6	7	8
9	10	11	12	13	14	15
16	17	18	19	20	21	22
23	24	25	26	27	28	29
30						

19 SUNDAY

in a world
filled with
dopey shit, this
shit is some of
the dopiest

oh great,
a new season of
Escape From
Dumbfuck
Island

OCTOBER

20
MONDAY
Diwali

21
TUESDAY
● New Moon

22
WEDNESDAY

23
THURSDAY

24
FRIDAY
United Nations Day

OCTOBER 2025

S	M	T	W	T	F	S
			1	2	3	4
5	6	7	8	9	10	11
12	13	14	15	16	17	18
19	20	21	22	23	24	25
26	27	28	29	30	31	

25
SATURDAY

NOVEMBER 2025

S	M	T	W	T	F	S
						1
2	3	4	5	6	7	8
9	10	11	12	13	14	15
16	17	18	19	20	21	22
23	24	25	26	27	28	29
30						

26
SUNDAY

you sure do have
some shitty
opinions!

oh my
fuck,
this shit
again?

OCT–NOV

Labour Day (NZ)
Bank Holiday (Ireland)

27 MONDAY

28 TUESDAY

◐ First Quarter

29 WEDNESDAY

30 THURSDAY

Halloween

31 FRIDAY

OCTOBER 2025

S	M	T	W	T	F	S
			1	2	3	4
5	6	7	8	9	10	11
12	13	14	15	16	17	18
19	20	21	22	23	24	25
26	27	28	29	30	31	

1 SATURDAY

NOVEMBER 2025

S	M	T	W	T	F	S
						1
2	3	4	5	6	7	8
9	10	11	12	13	14	15
16	17	18	19	20	21	22
23	24	25	26	27	28	29
30						

Daylight Saving Time ends (USA, Canada)

2 SUNDAY

why don't
you find
yourself in
some other
fuckin'
place

NOVEMBER

3
MONDAY

Election Day (USA)

4
TUESDAY

○ Full Moon

5
WEDNESDAY

6
THURSDAY

7
FRIDAY

NOVEMBER 2025

S	M	T	W	T	F	S
						1
2	3	4	5	6	7	8
9	10	11	12	13	14	15
16	17	18	19	20	21	22
23	24	25	26	27	28	29
30						

8
SATURDAY

DECEMBER 2025

S	M	T	W	T	F	S
	1	2	3	4	5	6
7	8	9	10	11	12	13
14	15	16	17	18	19	20
21	22	23	24	25	26	27
28	29	30	31			

Remembrance Sunday (Ireland, UK)

9
SUNDAY

why the
fuck is he
still talking
to me?

where would
we be without this
dumbass to fuck
everything up?

NOVEMBER

10
MONDAY

11
Veterans Day (USA)
Remembrance Day (Australia, Canada, Ireland, UK)
TUESDAY

12
◑ Last Quarter
WEDNESDAY

13
THURSDAY

14
FRIDAY

NOVEMBER 2025

S	M	T	W	T	F	S
						1
2	3	4	5	6	7	8
9	10	11	12	13	14	15
16	17	18	19	20	21	22
23	24	25	26	27	28	29
30						

15
SATURDAY

DECEMBER 2025

S	M	T	W	T	F	S
	1	2	3	4	5	6
7	8	9	10	11	12	13
14	15	16	17	18	19	20
21	22	23	24	25	26	27
28	29	30	31			

16
SUNDAY

FUCKING OFF IS ALWAYS AN OPTION

BITCH PLEASE

NOVEMBER

17
MONDAY

18
TUESDAY

19
WEDNESDAY

20
● New Moon
THURSDAY

21
FRIDAY

NOVEMBER 2025

S	M	T	W	T	F	S
						1
2	3	4	5	6	7	8
9	10	11	12	13	14	15
16	17	18	19	20	21	22
23	24	25	26	27	28	29
30						

22
SATURDAY

DECEMBER 2025

S	M	T	W	T	F	S
	1	2	3	4	5	6
7	8	9	10	11	12	13
14	15	16	17	18	19	20
21	22	23	24	25	26	27
28	29	30	31			

23
SUNDAY

motherfucker
I don't want to hear
any more of that
bullshit

NOVEMBER

24
MONDAY

25
TUESDAY

26
WEDNESDAY

Thanksgiving (USA)

27
THURSDAY

◐ First Quarter

28
FRIDAY

NOVEMBER 2025

S	M	T	W	T	F	S
						1
2	3	4	5	6	7	8
9	10	11	12	13	14	15
16	17	18	19	20	21	22
23	24	25	26	27	28	29
30						

29
SATURDAY

DECEMBER 2025

S	M	T	W	T	F	S
	1	2	3	4	5	6
7	8	9	10	11	12	13
14	15	16	17	18	19	20
21	22	23	24	25	26	27
28	29	30	31			

St. Andrew's Day (UK—Scotland)

30
SUNDAY

we appear
to be in the
eye of the
clusterfuck

fuck
this shit,
let's get
drunk

DECEMBER

1
MONDAY
St. Andrew's Day (observed) (UK)

2
TUESDAY

3
WEDNESDAY

4
THURSDAY
○ Full Moon

5
FRIDAY

6
SATURDAY

DECEMBER 2025

S	M	T	W	T	F	S
	1	2	3	4	5	6
7	8	9	10	11	12	13
14	15	16	17	18	19	20
21	22	23	24	25	26	27
28	29	30	31			

7
SUNDAY

JANUARY 2026

S	M	T	W	T	F	S
				1	2	3
4	5	6	7	8	9	10
11	12	13	14	15	16	17
18	19	20	21	22	23	24
25	26	27	28	29	30	31

tis the
season to
shut your
fuckin trap

thanks for all
the bullshit

DECEMBER

8
MONDAY

9
TUESDAY

10
Human Rights Day
WEDNESDAY

11
◑ Last Quarter
THURSDAY

12
FRIDAY

DECEMBER 2025

S	M	T	W	T	F	S
	1	2	3	4	5	6
7	8	9	10	11	12	13
14	15	16	17	18	19	20
21	22	23	24	25	26	27
28	29	30	31			

13
SATURDAY

JANUARY 2026

S	M	T	W	T	F	S
				1	2	3
4	5	6	7	8	9	10
11	12	13	14	15	16	17
18	19	20	21	22	23	24
25	26	27	28	29	30	31

14
Hanukkah begins at sundown
SUNDAY

it's a
shitmas
fucking
miracle

DECEMBER

15
MONDAY

16
TUESDAY

17
WEDNESDAY

18
THURSDAY

19
FRIDAY

DECEMBER 2025

S	M	T	W	T	F	S
	1	2	3	4	5	6
7	8	9	10	11	12	13
14	15	16	17	18	19	20
21	22	23	24	25	26	27
28	29	30	31			

● New Moon

20
SATURDAY

JANUARY 2026

S	M	T	W	T	F	S
				1	2	3
4	5	6	7	8	9	10
11	12	13	14	15	16	17
18	19	20	21	22	23	24
25	26	27	28	29	30	31

Winter Solstice

21
SUNDAY

fuck
holiday
cheer

give your
shit a day off

DECEMBER

22 MONDAY
Hanukkah ends at sundown

23 TUESDAY

24 WEDNESDAY
Christmas Eve

25 THURSDAY
Christmas Day

26 FRIDAY
Kwanzaa begins (USA)
Boxing Day (Australia, Canada, NZ, UK)
St. Stephen's Day (Ireland)
Proclamation Day (Australia—SA)

27 SATURDAY
◐ First Quarter

DECEMBER 2025

S	M	T	W	T	F	S
	1	2	3	4	5	6
7	8	9	10	11	12	13
14	15	16	17	18	19	20
21	22	23	24	25	26	27
28	29	30	31			

28 SUNDAY

JANUARY 2026

S	M	T	W	T	F	S
				1	2	3
4	5	6	7	8	9	10
11	12	13	14	15	16	17
18	19	20	21	22	23	24
25	26	27	28	29	30	31

I WILL CONTINUE TO AVOID UNDERSTANDING THIS SHIT AT ALL COSTS

IF I WANTED YOUR OPINION I'D SEND YOU AN ENGRAVED FUCKING INVITATION

DEC '25–JAN '26

29
MONDAY

30
TUESDAY

31
WEDNESDAY

New Year's Day
Kwanzaa ends (USA)

1
THURSDAY

New Year's Day (observed) (NZ, UK—Scotland)

2
FRIDAY

DECEMBER 2025

S	M	T	W	T	F	S
	1	2	3	4	5	6
7	8	9	10	11	12	13
14	15	16	17	18	19	20
21	22	23	24	25	26	27
28	29	30	31			

○ Full Moon

3
SATURDAY

JANUARY 2026

S	M	T	W	T	F	S
				1	2	3
4	5	6	7	8	9	10
11	12	13	14	15	16	17
18	19	20	21	22	23	24
25	26	27	28	29	30	31

4
SUNDAY

PLAN SOME SHIT FOR 2026

JANUARY

FEBRUARY

MARCH

APRIL

MAY

JUNE

PLAN SOME SHIT FOR 2026

JULY

AUGUST

SEPTEMBER

OCTOBER

NOVEMBER

DECEMBER

2024

JANUARY

S	M	T	W	T	F	S
	1	2	3	4	5	6
7	8	9	10	11	12	13
14	15	16	17	18	19	20
21	22	23	24	25	26	27
28	29	30	31			

FEBRUARY

S	M	T	W	T	F	S
				1	2	3
4	5	6	7	8	9	10
11	12	13	14	15	16	17
18	19	20	21	22	23	24
25	26	27	28	29		

MARCH

S	M	T	W	T	F	S
					1	2
3	4	5	6	7	8	9
10	11	12	13	14	15	16
17	18	19	20	21	22	23
24	25	26	27	28	29	30
31						

APRIL

S	M	T	W	T	F	S
	1	2	3	4	5	6
7	8	9	10	11	12	13
14	15	16	17	18	19	20
21	22	23	24	25	26	27
28	29	30				

MAY

S	M	T	W	T	F	S
			1	2	3	4
5	6	7	8	9	10	11
12	13	14	15	16	17	18
19	20	21	22	23	24	25
26	27	28	29	30	31	

JUNE

S	M	T	W	T	F	S
						1
2	3	4	5	6	7	8
9	10	11	12	13	14	15
16	17	18	19	20	21	22
23	24	25	26	27	28	29
30						

JULY

S	M	T	W	T	F	S
	1	2	3	4	5	6
7	8	9	10	11	12	13
14	15	16	17	18	19	20
21	22	23	24	25	26	27
28	29	30	31			

AUGUST

S	M	T	W	T	F	S
				1	2	3
4	5	6	7	8	9	10
11	12	13	14	15	16	17
18	19	20	21	22	23	24
25	26	27	28	29	30	31

SEPTEMBER

S	M	T	W	T	F	S
1	2	3	4	5	6	7
8	9	10	11	12	13	14
15	16	17	18	19	20	21
22	23	24	25	26	27	28
29	30					

OCTOBER

S	M	T	W	T	F	S
		1	2	3	4	5
6	7	8	9	10	11	12
13	14	15	16	17	18	19
20	21	22	23	24	25	26
27	28	29	30	31		

NOVEMBER

S	M	T	W	T	F	S
					1	2
3	4	5	6	7	8	9
10	11	12	13	14	15	16
17	18	19	20	21	22	23
24	25	26	27	28	29	30

DECEMBER

S	M	T	W	T	F	S
1	2	3	4	5	6	7
8	9	10	11	12	13	14
15	16	17	18	19	20	21
22	23	24	25	26	27	28
29	30	31				

2026

JANUARY

S	M	T	W	T	F	S
				1	2	3
4	5	6	7	8	9	10
11	12	13	14	15	16	17
18	19	20	21	22	23	24
25	26	27	28	29	30	31

FEBRUARY

S	M	T	W	T	F	S
1	2	3	4	5	6	7
8	9	10	11	12	13	14
15	16	17	18	19	20	21
22	23	24	25	26	27	28

MARCH

S	M	T	W	T	F	S
1	2	3	4	5	6	7
8	9	10	11	12	13	14
15	16	17	18	19	20	21
22	23	24	25	26	27	28
29	30	31				

APRIL

S	M	T	W	T	F	S
			1	2	3	4
5	6	7	8	9	10	11
12	13	14	15	16	17	18
19	20	21	22	23	24	25
26	27	28	29	30		

MAY

S	M	T	W	T	F	S
					1	2
3	4	5	6	7	8	9
10	11	12	13	14	15	16
17	18	19	20	21	22	23
24	25	26	27	28	29	30
31						

JUNE

S	M	T	W	T	F	S
	1	2	3	4	5	6
7	8	9	10	11	12	13
14	15	16	17	18	19	20
21	22	23	24	25	26	27
28	29	30				

JULY

S	M	T	W	T	F	S
			1	2	3	4
5	6	7	8	9	10	11
12	13	14	15	16	17	18
19	20	21	22	23	24	25
26	27	28	29	30	31	

AUGUST

S	M	T	W	T	F	S
						1
2	3	4	5	6	7	8
9	10	11	12	13	14	15
16	17	18	19	20	21	22
23	24	25	26	27	28	29
30	31					

SEPTEMBER

S	M	T	W	T	F	S
		1	2	3	4	5
6	7	8	9	10	11	12
13	14	15	16	17	18	19
20	21	22	23	24	25	26
27	28	29	30			

OCTOBER

S	M	T	W	T	F	S
				1	2	3
4	5	6	7	8	9	10
11	12	13	14	15	16	17
18	19	20	21	22	23	24
25	26	27	28	29	30	31

NOVEMBER

S	M	T	W	T	F	S
1	2	3	4	5	6	7
8	9	10	11	12	13	14
15	16	17	18	19	20	21
22	23	24	25	26	27	28
29	30					

DECEMBER

S	M	T	W	T	F	S
		1	2	3	4	5
6	7	8	9	10	11	12
13	14	15	16	17	18	19
20	21	22	23	24	25	26
27	28	29	30	31		

NOTES AND SHIT

NOTES AND SHIT

NOTES AND SHIT